NHK for School
BOKU-DOKO
ぼくドコ
ぼくたちここからドコ行くの？

モノの一生ドラマチック！

天寿まっとう編

JN039837

編　NHK「ぼくドコ」制作班

どんなモノにも
とっておきのドラマがある

「"タイヤ"ってどうやって生まれるの?」「"ガラスびん"って使い終わったあとはどうなるの?」「"電車"ってどうやって最期を迎えるの?」

当たり前のようにある、わたしたちの身の回りのモノはどんな人生を送っているのか・・・。

"モノ"の目線になって調べてみると、いろいろなドラマがあることがわかりました。

工場で細かく刻まれたり焼かれたり、使われてすりへったりよごれたり・・・つらいこともあるけれど、人のために活躍するモノの人生にはうれしいこともたくさんあります。

は主人公の3人、ミキ（昂生、亜生）と山之内すずさんが、着ぐるみを身にまといモノになりきって必死にモノの人生を歩んでいく物語。ワクワクドキドキしながら進んで

いくと、モノの目線に立つからこそ見えてくる意外な発見がたくさん。楽しく勉強しながら、いつのまにか社会科見学ができてしまいます。そして・・・モノをつくるために、情熱をもって懸命にがんばる人たちがたくさんいることにもきっと驚くことでしょう。

本書は楽しく勉強できてモノにも感謝できる、すてきな本です。みなさんも"モノ"になったつもりで一生を社会科見学してみてください。どんなモノにも必ずドラマがあるように、あなたにもとっておきのドラマがあるはずです。

この本も、みなさんのもとにとどくまでにどんな人生を歩んできたのか、気になりますよね。

NHK「ぼくドコ」プロデューサー　髙橋 謙

MOKUJI
もくじ

「ぼくドコ」って？

「ぼくドコ」は 2021 年から 2023 年まで E テレで放送された番組です。「ぼくたちこれからドコ行くの？」を略して「ぼくドコ」。わたしたちに身近な「モノ」がどのように生まれて、どのように使われて、どのように一生を終えるのか。ミキのふたりと山之内すずさんが、モノの着ぐるみをまとって紹介。モノに感情移入しながら、楽しく社会科見学ができます。

どんなモノにも、
とっておきのドラマがある！

出演者紹介

ミキ

お笑いコンビ

昂生（右）

1986年京都府京都市生まれ。実の兄弟コンビ「ミキ」の兄。ツッコミ担当。「モノがこんなにもいろいろな過程をたどっているなんて…『ぼくドコ』だからこその発見がたくさんあります！」

亜生（左）

1988年京都府京都市生まれ。昂生の弟。ボケ担当。「あなたもモノになりきって、いっしょに『ぼくドコ』の世界へ！ 子どもはもちろん、親世代もじゅうぶん楽しめます」

山之内すず

タレント

2001年兵庫県神戸市生まれ。2019年芸能界デビュー。TVCM、テレビ番組などで活躍中。「着ぐるみを着て、全力で熱唱したりダンスしたりしました！ 楽しみながらいつの間にかモノの意外な情報が学べます」

7

タイヤ の一生

> めっちゃ黒いな！

タイヤの原料となる天然ゴムは、
ゴムノキの樹液からつくられる。
次のうち、ゴムノキの樹液はどれ？

Ⓐ

Ⓑ

B がゴムノキ！

ゴムノキというのはゴムを採取できる樹木の総称で、さまざまな種類がある。天然ゴムの材料として使われるパラゴムノキは、タイ、インドネシア、マレーシアなどがおもな産地。

A は松

松の木から分泌される樹脂「松ヤニ」は、すべり止めや接着剤などに使われる。

B はゴムノキ

ゴムノキから出る白い液体を採取し、かためてから加工したものが天然ゴム。

C はウルシ

ウルシから採取された樹液は、日本ではおもに漆器の塗料として使われる。

D はカエデ

カエデの木から採取された樹液を煮つめてつくられるのがメープルシロップ。

🛞 タイヤの基礎知識 🎓

⬤ タイヤの原材料はゴム

ゴムは大きく分けると、「天然ゴム」と「合成ゴム」があります。ゴムノキの樹液からつくられる「天然ゴム」が入ると、じょうぶで強いタイヤになります。一方、おもに石油からつくられる「合成ゴム」を入れると、タイヤの弾力性がアップします。タイヤの使いみちによって、材料となるゴムの配合を変えています。

合成ゴム（茶色・白）

天然ゴム

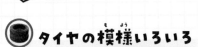 ## タイヤの模様いろいろ

タイヤのミゾの模様は大きく分けて4つの種類があります。

リブ型

操縦性や安定性がよく、タイヤ音が小さい。

ラグ型

ほそうされていない道で力を発揮する。

リブラグ型

リブ型とラグ型の両方の特徴をもっている。

ブロック型

雪道やどろ道を走るのに適している。

タイヤの寿命はミゾ1.6ミリ

タイヤにはかならず三角のマークがきざまれており、マークの先のミゾ部分には1.6ミリの山があります。そのまわりの表面がこの山の高さまですりへったら、タイヤの寿命。ハンドルやブレーキがききづらくなり危険なため、道路を走ってはいけないと法律で決められています。

△の先に山がある

スリップサインが出ている

みぞがある

すりへると…

みぞがなくなる

なんやて！？

タイヤのここがスゴい！ タイヤの中は針金だらけ!?

タイヤはただの黒いゴムの輪ではない。その中は複雑な構造になっている。自動車の重さを支えながら高速で回転し、発生する地面からの熱や衝撃などにたえるだけの強さのひみつを紹介！

タイヤはゴムをかためてできたものじゃないの？

タイヤの外側は3まいのゴム

右側面　正面　左側面

注目！

ゴムの内側にはタイヤを補強するいくつかのパーツが…

- 2まいのベルト
- カーカス
- ビード

タイヤ大解剖

ベルト

まわりにそって巻かれた金属製のワイヤー（針金）のこと。ベルトを二重に巻くことで、強い衝撃にたえられ、タイヤの形が変わりにくくなる。

おけのまわりについている"たが"のような役わりをする。

カーカス

ただのゴムの板に見えるが、板を引きちぎってみると、中にはネジネジ状に巻かれた糸。強力な繊維や金属でできたこのネジネジ状の糸が、地面からの衝撃をやわらげている。

ゴムを引っぱると…

ネジネジの糸

ビード

タイヤとホイールが接着する部分にある太くてかたい金属。ビードがあることで、タイヤとホイールががっちりはまり、空気がもれない。

ワイヤーが露出した状態で走行すると、タイヤが破裂することがある！

針金がむき出しになっている！

タイヤができるまで

START！

天然ゴム、合成ゴム（白）、合成ゴム（茶色）の3種類のゴムを釜に入れる。

70種類以上の材料をまぜ合わせる

老化防止剤

硫黄

きれつ防止剤

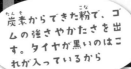
亜鉛華

加硫促進剤

炭素からできた粉で、ゴムの強さやかたさを出す。タイヤが黒いのはこれが入っているから

カーボンブラック

とにかく練る

練って

練って

練りまくる！

体がおしつぶされるー！

練りまくることで、材料が全体にいきわたり、強いゴムになるのだ

ここであきらめたら、タイヤやなくてリタイヤやで

ミゾをつくる

10分

100℃以上の装置（そうち）で、10トンの圧力（あつりょく）をかける。

タイヤの表面にきれいなミゾが刻（きざ）まれた。

完成（かんせい）！

灼熱地獄（しゃくねつじごく）の ミゾづくりへ

ゴムの板になる

つるつるのタイヤに！

金属（きんぞく）が組みこまれる→13ページ

ベルト

カーカス

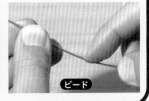

ビード

ホイールと合体

タイヤをホイールにはめる。

タイヤの内側はかたいので、ホイールを固定して回しながらタイヤをはめる。

空気を入れる

ポイント 空気を入れてタイヤとホイールがピッタリはまると、大きな音が出る。

バッン!!

車に装着

車体を持ち上げる。

タイヤを取りつけたら、ナットをしっかりしめつける。

ポイント
タイヤは前輪と後輪でペアになる

タイヤは前輪どうし、後輪どうしでペアになり、行動をともにする。ほとんどの自動車は前輪の力で動かしたり止めたりするため、前輪にはとても負担がかかり、後輪よりも早くミゾがすりへる。

つねに人が乗っている運転席側にある前輪は負担が大きく、4本のタイヤの中でもっとも早くすりへっていく。

ミゾがめっちゃすりへっている！

ポイント
前輪と後輪を入れかえて長く使う

すりへった前輪を、まだミゾの残っている後輪と交代することで、長く使うことができる。このとき、後輪はそのまま前へ、前輪はななめ後ろにうつす。タイヤが回転すると進行方向側の山がくずれていく。ななめ後ろに移動すると、タイヤの回転の向きが逆になって、山の反対側がけずられるため、長く使えるのだ。

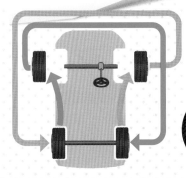

ココがけずられる

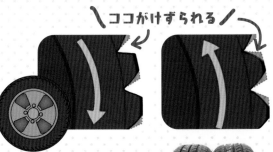

走り続けてミゾがすりへった3人はついに車から外された。使い古したタイヤの行く末は…？

タイヤの第二の人生

タイヤはその形を生かして、さまざまな場所で使われたり燃料として使われたりして、一生をまっとうする。

船着き場

公園の遊具

プランター

動物園など

タイヤのリサイクル工場

こわいよー

先には巨大なシュレッダー

バラバラに細かく
されて…

工場や発電所の燃料として利用される

サーマルリサイクル

焼却するときに発生する熱エネルギー
を利用すること。

わが身をすりへらして
働き続けたタイヤの人生、
すべてのタイヤとタイヤに
かかわる人たちに感謝！

大豆 の一生

次のうち、
大豆が使われている
お菓子はどれ？

うおおお!

A フィナンシェ

B おはぎ

まめはめ波〜!!

(C) きなこもち

(D) みつ豆

ANSWER こたえ

C きなこもち

A

フィナンシェには粉末状（ふんまつじょう）のアーモンドが使われる。

B

あんこは小豆（あずき）からつくられる。

C

きなこは大豆を煎（い）ってから、粉状にしたもの。

D

みつ豆の豆は赤えんどう豆。

大豆の基礎知識（きそちしき）

大豆の歴史（れきし）

大豆は紀元前（きげんぜん）から中国で栽培（さいばい）されており、日本に伝（つた）わったのは、約2000年前の弥生時代（やよいじだい）のころだと考えられています。奈良時代に中国との交流がさかんになると、仏教（ぶっきょう）とともにみそやしょうゆなど、大豆の加工品（かこうひん）や加工方法（かこうほうほう）も伝（つた）わってきました。日本国内で広く栽培（さいばい）されるようになったのは、鎌倉時代（かまくらじだい）以降（いこう）のこと。仏教では肉食（にくしょく）が禁止（きんし）されていたため、大豆は貴重（きちょう）なたんぱく源（げん）。大豆の栽培（さいばい）が広がるとともに、さまざまな加工品（かこうひん）がつくられるようになりました。

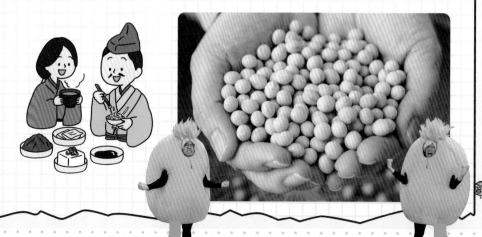

大豆にもいろいろある

一口に「大豆」といっても、大きさや色のちがいによりたくさんの種類があります。もっとも一般的な「黄大豆」でも、つぶの大きさによって用途が異なります。「青大豆」はおもにきなこに加工される品種です。「黒大豆」はおせち料理でおなじみの黒豆の煮豆に使われます。ほかに「紅大豆」や「茶大豆」などもあります。

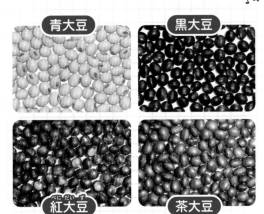

青大豆　黒大豆　紅大豆　茶大豆

大豆はどこから?

大豆の国内自給率は6%程度で、ほとんどは輸入に頼っています。おもな輸入先はアメリカ、ブラジル、カナダで、輸入大豆の多くは油、みそ、しょうゆなどの加工用に消費されます。国内では、北海道が日本一の産地ですが、それ以外にも全国各地で栽培されています。

大豆の国・地域別輸入量

その他 1%
カナダ 9%
ブラジル 17%
アメリカ 73%

財務省「日本貿易統計」大豆の国別輸入状況（令和4年）

大豆は「畑の肉」

大豆には3大栄養素（たんぱく質、脂質、炭水化物）がバランスよくふくまれています。その中のひとつ、たんぱく質は、人間の筋肉や内臓、血液などをつくっている重要な成分で、肉やたまごに多くふくまれます。大豆にも多くふくまれており、大豆は「畑の肉」とよばれることもあります。

大豆ができるまで

ひとつぶの大豆が芽を出して成長し、たくさんの大豆ができるまでには約半年かかる。

START!

7月　種まき

気温が15℃〜25℃くらいの季節が種まきのシーズン。

※一般的に大豆は5月〜6月に種をまくことが多いですが、今回取材した大豆は栽培時期がおそい品種のため、7月に種をまきます。

大豆の種は大豆!

大豆を害虫から守るために、青い液体を全体にまぶす。

畑にいる鳥や虫は、大豆の種や芽が大好物。

青い液体には、虫や鳥がきらいな成分が入っている。

ちなみに、大豆を冷暗所で発芽させて育てたものが「豆もやし」。

本葉が出てきた。

8月　葉が育つ

大豆はやせた土地でも育つといわれる理由は、土の中にある。

本葉が6〜7まいに増えたら…

うねとうねの間を耕し、土を苗に向けて寄せる。

子葉がかくれるくらいまで土をかける。

土をかけると元気になる理由は…!?

根粒菌がスゴい！

大豆の根には白いつぶがたくさんついていて、その中に根粒菌という微生物がすみついている。根粒菌は大豆が成長するために必要なちっ素を土から取りこんでくれる。大豆のくきの周りを土でおおうと、根が増え、根粒菌の数も増えて、どんどん大豆が成長する。
根粒菌のおかげで、大豆はやせた土地でも育つことができるのだ。

根粒菌は土の中のちっ素を取りこむ

根にある小さなこぶ（根粒）の中に根粒菌がすみついている

くきの周りを土でおおうと、根が生えて、根粒菌も増える

大豆が未熟な青い豆のときに収穫するものが枝豆。

根粒菌のおかげで、すくすく育っているぞ～

花がさいたあとにさやがつき、豆が大きくなる。

大豆が緑色のうちに収穫し、ゆでて食べる。

大豆として出荷

とよまさり
フクユタカ
里のほほえみ　など

枝豆として出荷

サヤムスメ
秘伝
初だるま　など

ふつう、大豆用の品種と枝豆用の品種は別だが、今回取材した小糸在来という品種は枝豆としても大豆としても出荷されている。

11月　大豆の収穫

さやが茶色く色づいて、豆の音がカラカラするようになったら、大豆の収穫時期。

すっかりかわいて茶色くなった大豆

機械でさやを取る。

りっぱな大豆が姿を現した。

さやをふって、カラカラと音がなったら収穫の合図

選別する

つぶが小さくて軽い大豆をより分ける。

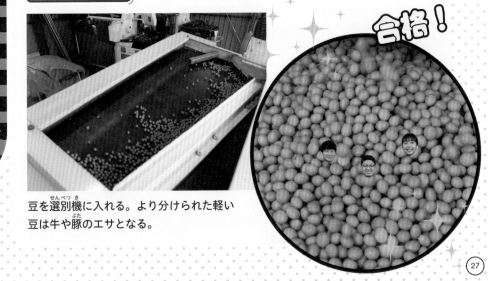

豆を選別機に入れる。より分けられた軽い豆は牛や豚のエサとなる。

大豆が豆腐になるまで

大豆はいろいろな食品に加工される。なかでもおなじみの豆腐になるまでの工程を見てみよう！

START!

豆腐工場

水につける

水に1日つけて大豆をやわらかくする。

水につける前 ⇩ 1日後

水をたっぷりふくんで、2倍の大きさに！

ミキサーにかける

すりつぶしてドロドロにする。

運命の分かれ道

加熱する

100℃で加熱する。

生の大豆にはおなかをこわす成分が入っているため、加熱してその成分をこわす。

次に待ちうける機械は…

豆乳とおからを分ける

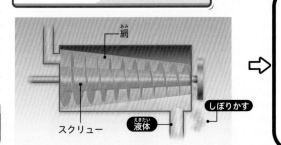

網
スクリュー
液体
しぼりかす

ドロドロの大豆はスクリューで網に
おしつけられ、液体（豆乳）としぼり
かす（おから）に分けられる。

おから

大豆のしぼりかす、おからも栄養
満点。煮物にしたり、クッキーや
ドーナツの材料になったりする。

わたし、お豆腐に
なれないの!?

にがり

海水から塩をつくると
きにできる副産物で、
豆乳のたんぱく質をか
ためる力がある。

豆乳

しぼりたての豆乳
が、豆腐の材料に
なる。

型に入れて、に
がりをまぜる。

にがりをまぜる。

30分たつとか
たまる。

30分後、かたまった豆腐をくずして型に入れる。木
綿を巻いて、ふたをし、重しをのせて水分をぬく。

つるつるとなめ
らかな絹豆腐の
完成！

絹豆腐

絹豆腐よりも
かたい豆腐に
なる。

木綿豆腐

食卓には大豆がいっぱい

日本の食卓は、大豆がなければはじまらない！

豆腐
煮た大豆のしぼり汁をにがりでかためてつくる。

しょうゆ
大豆、小麦、塩を原料としてつくられる。

大豆だらけ〜

油揚げ
うすく切った豆腐を油で揚げたもの。

みそ
大豆や米、麦などに塩と麹を加えて発酵させてつくる。

煮豆
大豆を水につけてもどし、ほかの材料と調味料を加えて煮る。

納豆
やわらかくした大豆を納豆菌で発酵させてつくる。

厚揚げ

厚く切った豆腐を油で揚げたもの。

捨てるところがないね！

おから

豆乳をつくるときに出る大豆のしぼりかす。煮物にして食べることが多い。

湯葉

豆乳を加熱したときに表面にできるうすいまくの部分。そのまましょうゆをつけて食べたり、吸い物の具にしたりする。

きなこ

大豆を炒って粉状にしたもので、和菓子によく使われる。

すべての大豆と大豆にかかわるすべての人に感謝！

えんぴつ の一生

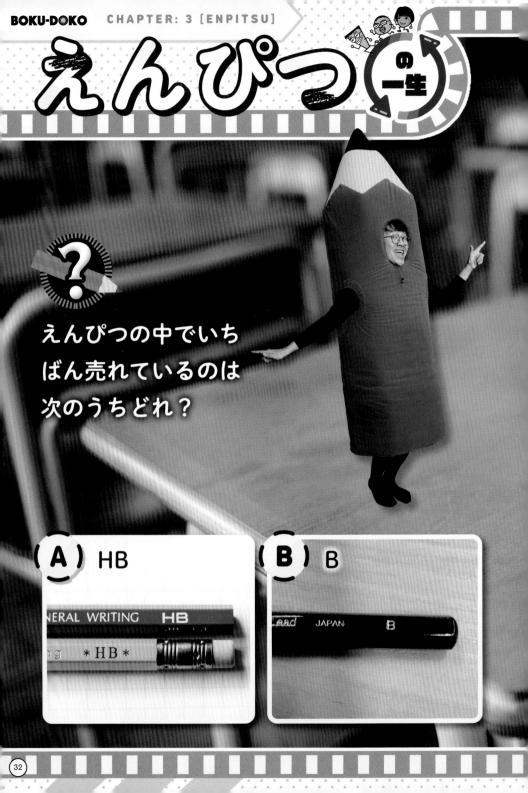

？

えんぴつの中でいちばん売れているのは次のうちどれ？

(A) HB

(B) B

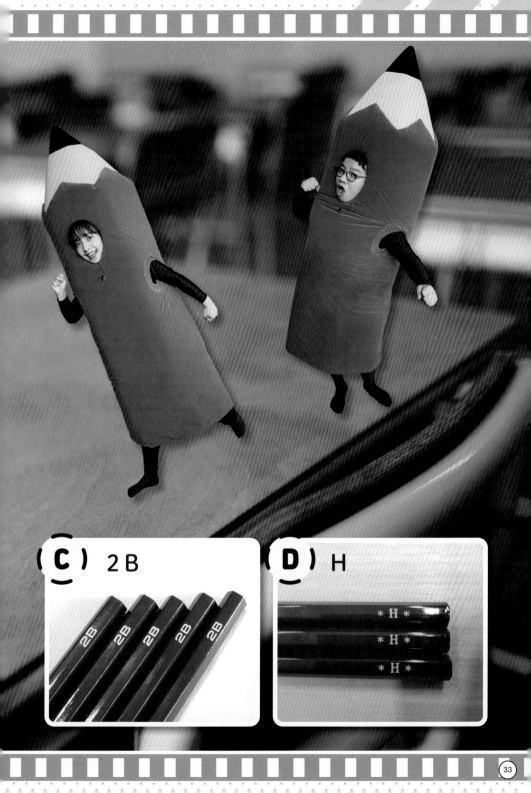

(C) 2B

(D) H

C 2B

かつてはHBが主流でしたが、今は、より芯がやわらかい2Bが首位をしめています。力を入れなくても濃く書くことができます。

えんぴつの基礎知識

えんぴつの種類

えんぴつについているHやBの記号は、芯の濃さとかたさを表しています。Bは「BLACK（黒い）」で、数字が大きくなるほど色が濃くなります。Hは「HARD（かたい）」で、数字が大きくなるほど色がうすくなります。中間のFは「FIRM（しっかりした）」という意味で、HとBの中間の濃さとかたさを表しています。

濃さ

| 6B | 4B | 2B | B | HB | F | H | 2H | 4H | 6H |

Black 黒　　　　**Hard かたい**

えんぴつで字が書けるのはなぜ？

えんぴつの芯で紙の上をこすると、くだけた黒鉛の粉が紙の繊維にくっついて、字を書くことができます。消しゴムでこすると、黒鉛のつぶが消しゴムにくっついて、紙からはなれます。紙よりも消しゴムのほうに、黒鉛のつぶはくっつきやすいのです。

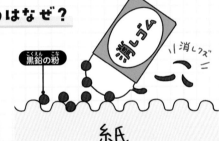

黒鉛の粉

紙

えんぴつの歴史

えんぴつは16世紀にイギリスで生まれました。イギリスのボローデル渓谷で見つかった黒鉛を使うと、はっきりとした文字を書くことができたのです。黒鉛を手に持って書くと手がよごれるので、木ではさんだり、ひもで巻いたりして使うようになったのが、えんぴつの始まりです。やがて、黒鉛の粉末に硫黄をまぜてとかし、練りかためて棒状にする方法が考案され、これが現在のえんぴつのもととなっています。

徳川家康も使っていた？

19世紀には、丸い芯を板ではさみ、えんぴつをつくる方法がアメリカで開発され、世界に広がっていきました。日本で最初にえんぴつを使ったのは徳川家康だといわれており、久能山東照宮博物館には、そのえんぴつが展示されています。

えんぴつができるまで

まずはえんぴつの芯づくりからスタート。芯への道のりはきびしい…

芯をつくる①

START！

黒鉛

この真っ黒い粉が芯の材料。「鉛」と書くが、鉛ではなく炭素からできている。

えんぴつの芯工場

年間3000万本以上の芯を生産している。

原料をまぜる

黒鉛に粘土、水、のりなどを加え、2時間かけて練りまぜる。

目が回る〜

おしつぶす

この段階ではまだやわらかい

20トンの圧力をかけておしつぶし、円柱状におし出す。

芯の太さにおし出す

20トンの圧力でプレスする。

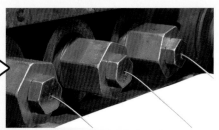

えんぴつの芯の太さ（約2ミリ）になる。

タイコ

1本約170メートル、えんぴつ1000本分の長さ！

タイコとよばれる道具で巻き取っていく。さわっているかさわっていないかくらいに手を当てて、芯が切れたりのびたりしないようにする。

太さチェック

ウソでしょ!?

この芯の場合は、直径2.19ミリをこえたら失格

原料をまぜる工程からやり直し…

ふりだしにもどる

NEXT ▶▶▶　太さチェックに合格したら次へすすむ

芯をつくる②

カットする

カッターで一気に切る。

えんぴつ1本分の長さになった！

乾燥させる

穴の開いた筒に入れる。

90℃の熱風で18時間、回転しながら乾燥させる。

釜で焼く

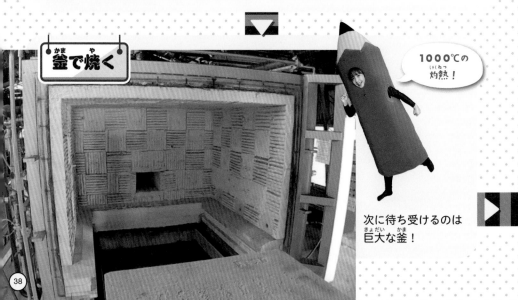

1000℃の灼熱！

次に待ち受けるのは巨大な釜！

1000℃の熱で8時間焼く。

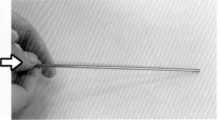

芯はカチカチにかたくなる。

油をしみこませる

200℃の
油風呂！

200℃の油で80分間
素揚げする。

芯に油がしみて、なめらかな
書き心地に。

芯の完成！

NEXT ▶▶▶ えんぴつ工場へ！

えんぴつができるまで

芯と板を合体させる

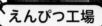
えんぴつ工場　1日7万本のえんぴつを生産している

START！

えんぴつの芯

木の板

けずりやすい、やわらかい木（ヒノキ科インセンスシダーなど）が使われる

▼

板にミゾをほる

 →

ふしがなく、木目がまっすぐなので加工しやすい。

金属の刃で、板に半円のミゾをほる。

▼

板で芯をはさむ

 →

ミゾに接着剤をぬり、芯をのせる。

上からもう1まいの板をかぶせる。

しっかり接着させる

プレス機で板をおさえつける。

そのままひと晩置いてかわかす。

切り分ける

余分な長さを切り取る。

えんぴつが六角形なのは、
転がりにくく、
にぎりやすいから

六角形のえんぴつが完成！

色をぬる

緑のインクにえんぴつを1本ずつ通す。

ぬり重ねることで、高級感のあるつやが
出る！

ピカピカの
えんぴつが
完成！

GOAL！

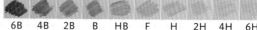

えんぴつを使おう！

芯の種類で使い分ける

えんぴつの濃さとかたさは、黒鉛と粘土の割合で決まる。粘土が少ないほど芯がやわらかくなる。やわらかい芯はとがらせて使うと折れやすいが、濃淡を表現しやすいので、絵を描くのに向いている。

| 6B | 4B | 2B | B | HB | F | H | 2H | 4H | 6H |

粘土 **少** ⬅️➡️ 粘土 **多**

やわらかい　　　　　　　　　　**かたい**

2Bはとがらせても字がきれいに書ける。

6Bはすぐに折れてしまう。

えんぴつで絵を描くときは、芯を長めにけずり、画用紙に対してえんぴつをねかせるようにすると濃淡を出しやすい。

短くなってもまだ使える！

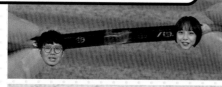

補助軸

こんなに短くなるまで使える！

短くなったえんぴつは、2本をつなげたり、補助軸をはめたりすればまだまだ使える！

えんぴつの仲間たち

色えんぴつ

えんぴつとは性質が異なる

色えんぴつの芯はふつうのえんぴつとはちがいます。タルク(粘土の一種)やロウなどにそれぞれの色の材料をよくまぜて、細長く成形したのちに乾燥させて完成です。焼きかためていないため、えんぴつの芯よりもやわらかいのが特徴。紙にしみこむ性質が強いので、消しゴムでは消えにくいのです。

えんぴつに欠かせないパートナー

消しゴム

えんぴつが誕生してから約200年後の1770年、天然ゴムでえんぴつの文字が消えることが発見されたのが消しゴムの始まりです。日本では天然ゴムを輸入にたよっていたため、ゴム以外の原料で消しゴムをつくろうとしました。その結果、現在よく使われるプラスチック製の消しゴムが生まれたのです。

シャープペンシル

えんぴつのライバル!?

シャープペンシルは19世紀にアメリカで発明されました。シャープペンシルの芯は黒鉛とプラスチックをよく練り合わせてつくることで、細くてもえんぴつの芯よりも折れにくくてじょうぶになります。芯の形にしたあとは、焼き上げて、油をしみこませるのはえんぴつの芯と同じです。

すべてのえんぴつと
すべての
えんぴつにかかわる
人たちに感謝!

最後まで
大事に
使って
ねー!

牛革 の一生

次のうち表面に牛革が
使われているのは
どのボール？

（A）野球の硬式球

（B）サッカーボール

A 野球の硬式球

コルクやゴムの芯に糸を巻きつけ、
牛革でおおってつくられる。

B サッカーボールはかつては牛革が使われていたが、雨で水をふくむと重くなるなどの理由で、最近は合成皮革が主流。

C ラグビーボールもかつては牛革が使われていたが、最近はゴム製が主流。

D テニスボール（硬式）の表面はフェルトでおおわれている。

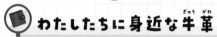
牛革の基礎知識

わたしたちに身近な牛革

牛革の国内年間生産量は約150万まい*。靴やかばん、ランドセルなど、いろいろなものに使われています。食用の牛の皮を使ってつくられていて、わたしたちがお肉を食べるときに出る皮をむだなく活用しているのです。また、皮だけでなく、血や骨も衣料品や油脂、ゼラチンなどに役立てられています。

*一般社団法人日本タンナーズ協会 「令和5年度 製革業実態調査報告書」をもとに算出。令和4・5年の成牛革・中牛革・小牛革の月平均生産数からの概算。

革の歴史

人間は昔から寒さや衝撃から身を守るために、毛皮や革を活用してきました。旧石器時代の遺跡からは、皮の加工に利用した道具が発見されています。「なめし」の技術が発達するにつれ、衣服だけでなく、武具や寝具などいろいろなものに、革が利用されるようになりました。

日本の革産業

日本では、飛鳥時代に大陸から渡来した人々によって革の加工技術が伝わり、皮革生産がはじまったといわれています。現在は、牛や馬、豚などの革が主流ですが、昔は馬具や刀剣などに鹿革が多く使われていました。兵庫県の姫路周辺はなめし産業が発達していますが、なかでも古くから伝わる白なめしは、甲冑や武具、馬具などに使われてきました。

姫路城(兵庫県)

皮と革のちがい

加工前の生の「皮」

革に生まれ変わった！

「かわ」を漢字で書くと、「皮」と「革」の2種類があります。みかんの皮、魚の皮などには「皮」、革靴、革のかばんなどには「革」が使われます。「皮」はそのままでは、すぐにかたくなったり、くさったりしてしまいます。きちんと洗って、なめし剤などにつけこむことで、やわらかく、くさらない「革」に生まれ変わるのです。

皮が革になるまで

生の皮は、そのままだとくさりやすい。それを防ぐために「なめし」という加工をするが、「なめし」には大きく分けてふたつの方法がある。

START！

革の加工工場

なめされる前の皮

タンニンなめし

タンニン溶液につかると、かたくしまった革になる！

茶色い液体（タンニン溶液）につかる。

そのままタンニンがしみこんでいくのを待つ。

美容液につかっている気分や〜

タンニン

動物の皮がくさってしまうのを防ぐ効果がある。「渋」や「ポリフェノール」ともよばれ、カキやブドウ、お茶の葉などにもふくまれている。

待つこと
1か月…

タンニン溶液から引き上げてかわかす。

かたくて
じょうぶな革に！

タンニンには皮を引きしめる効果もあるのだ！

48

クロムなめし

回転ガラガラで
やわらか〜くなる。

約100まいの皮

三価クロム化合物
（化学薬品の一種）

直径3メートルのタイコ（ドラム）に放りこまれて、回転スタート。ドラム式洗濯機に衣類と洗剤を入れて回すようなイメージ。

1分間に8回転を22時間
1×8×60×22＝10560回転！

ツノ

タイコの内側にはたくさんのツノとよばれる出っぱりがあり、回転するときに皮をひっぱり上げてかきまぜる。

もうフラフラ
や〜

ようやくタイコから出されたが…

染料が入った別のタイコに入れられ、再び約4時間回転。

赤くてやわらかい革になった！

49

革製品になる！① かばん編

かばん工房

かたくてじょうぶな革が
職人さんの手によって
りっぱなかばんに
生まれ変わる！

START!

パーツに切り分ける

カッターでかばんのパーツに切り分ける。

ポイント

切り方の工夫

1まいの牛革は場所によって
のび方がちがう。のびにくい
背中の部分は持ち手に、のび
やすいおなかの部分は、もの
がいっぱい入れられるように
本体になるのだ。

背中（のびにくい）

持ち手

おなか（のびやすい）

本体

みがき加工

革の断面をオイルのしみた布でこする。

みがき前　→　みがき後

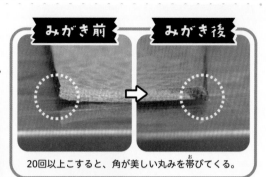

20回以上こすると、角が美しい丸みを帯びてくる。

布の中には鉄板が入っている。職人さんたちは指のつけ根が筋肉痛になるという。

パーツをぬい合わせる

専用のミシンでパーツをぬい合わせる。

めっちゃチクチクする〜

GOAL!

りっぱなかばんに変身！

いろいろなものを入れて持ち歩いてほしい！

GYUGAWA

革製品になる！② グローブ編

やわらかい特徴を生かして、手にフィットする
野球グローブに生まれ変わる！

グローブ工房

START!

パーツに切り分ける

1つのグローブに使われるパーツ。牛1頭分の牛革から約8個のグローブがつくられる。

ぬい合わせる

革の表を内側にして、
ぬい合わせる。

このままでは革のうらが
外側になっている。

ポイント
革には表とうらがある

表	うら
ツルツル	けばだっている

温度は
50℃〜100℃
を使い分ける

手の形をしたアイロンにグローブを
はめる。

形を整える

熱を加えると革はやわらかくなる。

ぬい目が中にくるように
ひっくり返す。

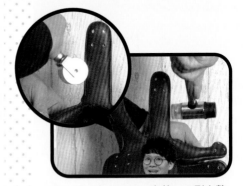

ローラーやハンマーを使って形を整
える。

指の部分に専用の棒をおしあてて、
1本ずつ表に返す。

ボールを
ぎゅっとつかめる
グローブに変身！

表に返す

GOAL!

53

大切に使えば一生モノ

長く使ってや〜!

使いこむほどに味が出るのが、革製品の魅力。

使いこむほどに色が濃くなる

革をなめすのに使われる「タンニン」は紫外線に当たると色が濃くなるという性質がある。また、日光に当たることで、内部にふくまれる油分が外側に出てきて、表面につやつやした光沢が出てくるため、使いこむほどにつやのあるアメ色になっていく。

強くてじょうぶ

曲げたりねじったりする力を加えても、形が変わりにくい性質もあるため、強い力が加わるグローブやベルトも長持ちする。

体になじむ

一方で、革にはのびる性質があるので、使っている人の体の形に合わせて変化する。たとえば、最初はかたかった革靴が、はいているうちに足になじんでいく。

牛以外の動物の革

どんな動物の皮もなめして革にすることは可能です。牛以外でよく使われている動物の革には次のようなものがあります。

豚

牛革にくらべるとうすくて軽く、通気性にすぐれている。

馬

おしりの部分は「コードバン」とよばれ、ランドセルにも使われる。

羊

やわらかく体になじむので、服や手ぶくろなどに使われる。

使わなくなった革製品をリメイク

まだ使える部分を再利用して、別のものにつくり変えることもできる。

グローブをパーツに分解する。

↓

革製品のリメイク工房

グローブやランドセルなど、使わなくなった革製品を思い出として残したい人のために、別のものにリメイクしてくれる。

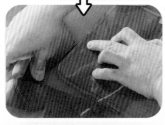

まだ使える部分を切り出す。

↓

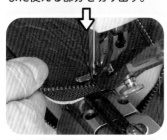

ぬい合わせる。

➡

財布の完成！

新たな製品として生まれ変わるのだ

すべての牛革と
牛革にかかわる
すべての人に感謝！

ぼくドコに欠かせないのが、モノの「着ぐるみ」。3人の体に合わせて、毎回特注でつくってもらっていました。

> ふだん着づかいにもいいかも♪

タイヤ

記念すべき第一回の放送は「タイヤの一生」。はじめての着ぐるみです。

TIRE

大豆

豆仙人（まめせんにん）の道場を卒業（そつぎょう）してスーパーソイヤ人に変身（へんしん）した3人。

DAIZU

ENPITSU

えんぴつ

けずられて短くなったり、芯が取れたり、細かい工夫がたくさん。

牛革

牛革の着ぐるみは可動域がせまくていちばんたいへんだったそう。

GYUGAWA

本にはのらなかったけど「ピアノの一生」という回もありました

かつお の一生

世界生物水泳が開催される！
このなかで勝つのはだれだ？

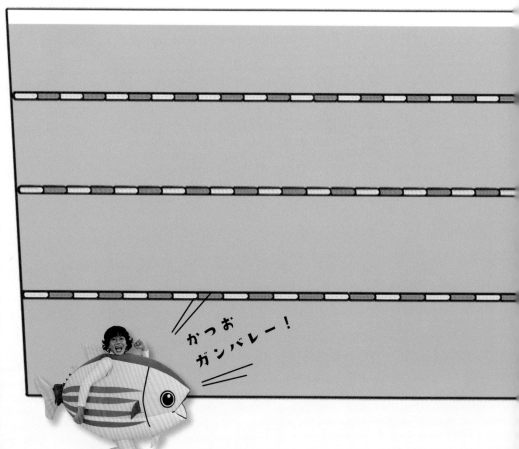

かつお
ガンバレー！

世界生物水泳
〜50メートル自由形〜

絶対に
勝つお！

第1レーン
かつお

第2レーン
イルカ

ドルフィンキックが
スピードを生み出す

第3レーン
ヒト

世界トップレベルの
スイマーが挑戦

かつおと同じ、
熱帯の海からやってきた
泳ぎの達人

第4レーン
ウナギ

かつおの基礎知識 🎓

カツオ
スズキ目サバ科
英語 skipjack tuna
学名 Katsuwonus pelamis
生息地：熱帯〜温帯域
体長：大きいものは1メートル

鰹（かつお）

泳ぐのをやめたら死ぬ!?

多くの魚はえらをポンプのようにパクパクさせて、口から水を吸いこみ、水の中の酸素を体に吸収する。しかし、かつおのえらは開いたままでパクパクできない。酸素を取りこむには口を開けて泳ぎ続けて、体の中に水を流しこむしかないので、泳ぐのをやめると酸素不足で死んでしまう。そのため、かつおはねているときも速度を落として泳ぎ続ける。

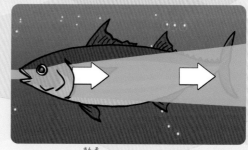

泳いでえらの中に酸素を取りこむ

一生で泳ぐ距離は100万キロ!

かつおは2歳くらいになると、南の海からエサを求めて日本の海にやってきます。太平洋を南北に行ったり来たりと回遊し、約10年の一生で泳ぐ距離は100万キロメートル、地球25周分ともいわれます。日本近海では黒潮にのって春に北上し、秋に南下します。初夏にとれたものは「初がつお」、南下してくるものは「戻りがつお」とよばれます。

春から夏にかけて、黒潮にのって北上する

ANSWER こたえ

かつおが1位!

ぼうすい形の体形は、高速で泳ぐのに適している。

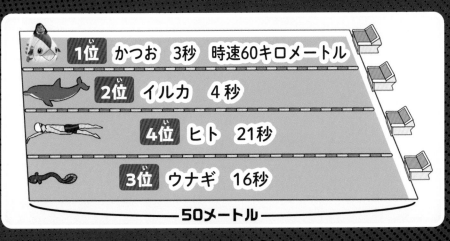

1位	かつお	3秒	時速60キロメートル
2位	イルカ	4秒
4位	ヒト	21秒
3位	ウナギ	16秒

50メートル

かつおが食卓にのぼるまで

大きくなって沖縄の海にやってきたかつおたち。
海の中は、小魚がたくさん集まるパラダイス…と思いきや、
海の上で待ち受けるのは、一本釣りの漁師たちだった！

海の中

海の真ん中に
おしゃれな
建物がある！

これはパヤオね！
高さは7メートル

パヤオとは？

かつおやマグロなどの回遊性魚類は、海にういている流
木などに集まる習性がある。それを利用した、巨大なブ
イのような集魚装置のことをパヤオとよぶ。小さな魚が
すみつき、それをねらって大きな魚もやってくる。

海の上

がんがんかつおを釣りまくる漁師たち。大きく空中にふり上げられ、糸がゆるむと針が外れて甲板に落ちる。ベテランだと3秒に1匹のペースで釣り上げる。

かつおの一本釣り

網ですくい上げるのではなく、釣りざおで1匹ずつ釣り上げる漁法のこと。1匹ずつ釣り上げるため、かつおどうしがぶつかるリスクを防ぐことができる。

ついに3人も釣り上げられた

かつお漁のいろいろ

このページで紹介しているのは、近海での漁で、1日で港にもどって来るため生の状態で出荷できる。一方、遠くの太平洋沖合から南太平洋までかつおの群れを追う遠洋漁業の場合は、いったん海に出ると、漁は1か月〜3か月ほどにもおよぶため、釣り上げたかつおは船上で冷凍される。また、一本釣りではなく、群れを網で囲んでつかまえる「巻き網漁」も行われている。

巻き網漁

NEXT
▶▶▶ いよいよ港に入る

63

かつおが食卓にのぼるまで

新鮮なうちに食べてほしい〜！

いよいよ港に入る。

かつおは鮮度が命！　さしみやたたきなどの生食用は、すぐに氷づめにされて出荷される。

持続可能な漁業のために

かつおは日本では昔から食べられてきました。今では海外でも、ツナ缶の材料として重宝され、漁獲量が増大しています。わたしたちが消費している魚介類の多くは、自然の海に生息する資源です。しかし、それらを短期間で乱獲したり、海の環境を壊したりすると、あっという間に枯渇するおそれがあります。そのため、世界の海域ごとに資源管理のためのルールを定めています。

かつおをおいしく食べる！

かつおのたたき

豪快に直火であぶる

表面をあぶってから切り分け、ねぎやしょうがなどの薬味とたれで食べる高知県の郷土料理。たれをかけてなじませるときに、手でカツオの身をたたくことから「たたき」の名がついたといわれる。

鮮魚にならないかつおは加工品に

ツナ缶

ツナ(tuna)とは、まぐろやかつおを指す。ツナ缶はマグロやカツオの油漬け缶づめのこと。油をカットしたスープ煮や水煮タイプのものもある。

かつお節

日本に古くからある保存食。かつおを煮たあとにいぶして乾燥させたもの。うすくけずって食べたり、だしを取ったりする。

NEXT ▶▶▶ かつお節ができるまで

かつお節ができるまで

生のかつおがかつお節になるまでには、数々の過酷な試練が待っていた！

START!

マイナス20℃で冷やされる

寒いよ〜

4つに切り分ける

頭と尾をぶった切り、身を4つに切り分ける。

1本のかつおが4つの身に切り分けられる。

熱湯で煮る

身がくずれないように金属製のかごにならべて、熱湯に入れる。

身がくずれないようにぎりぎり沸騰しない97℃の湯で2時間煮る。

骨をぬく

ていねいに骨ぬきで1本ずつ骨をぬく。

気持ちいい〜

煙でいぶす

3週間煙でいぶし、水分をとばして乾燥させる。

いぶす前　　いぶしたあと

水分がぬけて、重さは4分の1になった。

完成!!

うすくけずったものは「花かつお」

かつお節をおいしく食べる！

かつお節には「うま味」がたっぷりふくまれていて、
いろいろな料理に加えるだけで、うま味がぐーんとアップします。

ほうれんそうのおひたし

たこ焼き

お好み焼き

たけのこの土佐煮

ゴーヤーチャンプルー

プロ直伝！だしの取り方

「和の鉄人」と称される日本料理のプロ、道場六三郎さんに本格的なだしの取り方を教わりました。

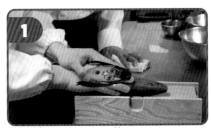

料理直前にけずると風味豊かなだしとなる。手のひらの下のほうを使うとうまくけずれる。

けずりたての風味は格別だが、パック入りのけずり節を使ってもじゅうぶんおいしいだしが取れる。

かつお節にふくまれるうま味成分と昆布のうま味成分が合わさると、うま味がぐんと強くなる。

水1.8ℓに対して、昆布25gを入れて火にかけ、沸騰直前に取り出す。

かつお節60gを加える。けずりたてのかつお節は風味がとばないように、沸騰させずに2分半。

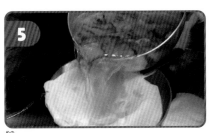

布でこす。

だしの完成！

すべてのかつおと
かつおにかかわる
すべての人に感謝！

かつおがなければ
日本料理は始まりません。
おひたし、煮物、あえもの、
何にでもおだしを
使いますから。

料理人　道場六三郎

スニーカー  の一生

 スニーカーのひもを通す「穴（あな）」は、ある生き物の目（め）に似（に）ていることから「〇〇メ（目）」という。その名前（なまえ）とは？

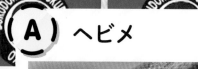

（A）ヘビメ

（B）ウオノメ

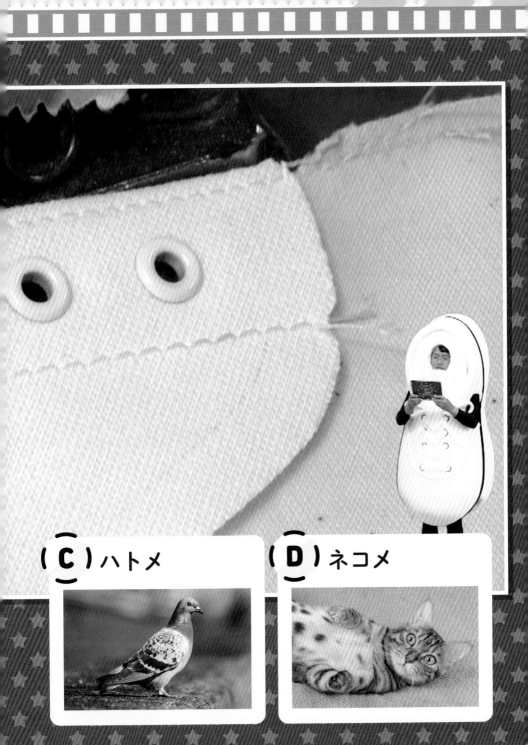

(C) ハトメ

(D) ネコメ

スニーカーの構造

スニーカーは大きく分けると、足をつつみこむアッパー(上の部分)と、靴底のソール(下の部分)からできている。おもなパーツを見てみよう。

キミは
スニーカーの構造を
知っているか〜?

レース　lace

靴ひものこと。

アッパー　upper

足の甲をおおう上の部分全体を指す。

なぜ「スニーカー」という名前がついた?　sneakers

sneak(スニーク)は英語で「しのびよる」という意味。靴底のかたい革靴は、歩くと「コツコツ」と音がするが、ゴム底のスニーカーは歩いても音がしないことから、しのびよることができる静かな靴という意味で「スニーカー」とよばれるようになった。

コツ

革靴
歩くと音がする

スニーカー
歩いても音がしない

タン **tongue**

レースの下にあるベロ（tongue）のような形をしたパーツで、足の甲を守り、どろやゴミが入るのを防ぐ。

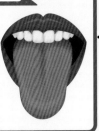

ハトメ 鳩目（はとめ）

靴ひもを通す穴。ハトの目に似ていることから、その名がついた。

ANSWER
こたえ

C

ソール **sole**

アッパー以外の靴底の部分。内側（うちがわ）に入れる「インソール」と地面にふれる「アウトソール」、その中間にある「ミッドソール」などのパーツに分かれている。

底（そこ）がすりへるまで歩（ある）きた〜い！

73

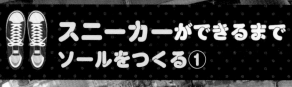

スニーカーができるまで
ソールをつくる①

歩きやすいスニーカーの要となるソール部分は
どうやってつくられるのだろう？

靴工場

1日におよそ1万足の
靴がつくられる。

START!

2種類のゴムをまぜ合わせることで、
スニーカーに最適なゴムになる。

天然ゴム

弾力が強い

合成ゴム

熱や油に強い

まぜてこねる

2種類のゴムをまぜ合わせる。

10分間まぜてこねる。

カチカチだったゴムがパン生地のようにモチモチに！

プチプチ!

こね続ける。ゴムの中の空気がこねるときにつぶれてプチプチと音がする。

硫黄の粉をまぜる

硫黄の粉を加えてまぜる。

硫黄の粉をまぜ、あとで加熱することで、がんじょうで弾力の強いゴムになる。

→79ページへ

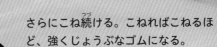

さらにこね続ける。こねればこねるほど、強くじょうぶなゴムになる。

うすくのばす

うすいシート状にのばす。

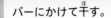

バーにかけて干す。

スニーカーができるまで
ソールをつくる②

ここで左右のどちらになるかが決まる！

型に入れて焼きかためる

かわいたゴムを切り分ける。

鉄製のソールの型。

型にゴムをのせる。

オーブンに入れ、高熱の中、100トンの圧力でプレス！

10分後、ソールの形になった。

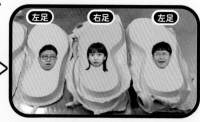

左足　右足　左足

右足と左足のどちらになるかはここで決まる。

スニーカーができるまで
アッパーをつくる

通気性のよい綿100％の布

布を切り分ける

鉄の型で1まいずつ切りぬく。

まるでクッキーの型ぬきみたい！

4まいのパーツで1個のスニーカーになる。

ぬい合わせる

ずれないようにミシンでぬい合わせる。

靴ひもを通す穴（ハトメ）を仕上げる。

ぬい合わせ方ひとつではき心地が変わるんやで！

アッパーが完成！

スニーカーができるまで
アッパーとソールを合体

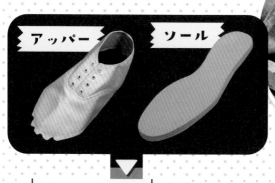

アッパーとソールを合体させる作業は
ひとつずつ手作業で行われる。

アッパー **ソール**

靴（くつ）の形とサイズを決めるためのもの
で、たくさんの種類（しゅるい）がある。

型（かた）にかぶせる

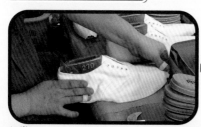

靴型（くつがた）にアッパーをかぶせる。

中底（なかぞこ）とアッパーを合体させる。

ソールと合体させる

シワが出ないように
細かな作業が必要（ひつよう）なの！

これで完成（かんせい）…
ではなかった。

78

加熱する

巨大な釜の中に入れ、100℃
以上の熱を加える。

1時間以上加熱して、ようやく外に
出される。

ゴム＋硫黄＋熱→弾力が生まれる

ゴムに硫黄をまぜて熱を加えると、ゴムに弾力が出るので、
どんなにでこぼこの道でも安心して歩くことができるのだ。

加熱あり

弾力が
すごい！

石をふんでもゴム
の形は変わらない

加熱なし

びろーんと
のびたまま
元にもどらない

石をふむとゴムがへこん
だまま元にもどらない

品質チェック

たくさんの職人さんたちの手で
ひとつずつていねいに
つくられる

人が歩いたときの動きを10万回
くり返し、耐久性や安全性を
チェックする。

※品質チェックに使用したスニーカーは出荷されません。

GOAL！

スニーカーを買いに行こう！
お気に入りの一足を見つけよう

人間の足は夕方になると、朝より5〜10ミリほど大きくなるといわれている。体重がかかり、アーチ部分がゆるんで広がってしまうのと、ずっと立っているとむくんできてしまうため。朝に試着してピッタリの靴を買うと、夕方にはきつくなることもある。

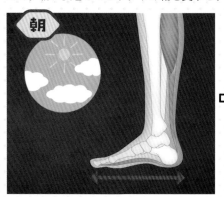
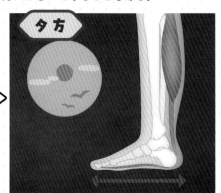

試着のポイント

スニーカーを買うときはかならず試しばきをして、次の2点をチェック！

①つま先に1センチほどのゆとりがある。　②かかとを上げてもぬげない。

サイズの合っていないスニーカーは転んでけがをしやすいから、自分の足に合ったスニーカーを選んでね！

スニーカーを長く大切にはこう

乾燥させてからしまう

靴をはいたあとは、風通しのよいところで
しっかり乾燥させよう。湿気が残ったまま
しまうと、カビやにおいの原因になる。

ときどき洗濯しよう

靴ひもを外してから水でぬら
し、中性洗剤をつけてブラシ
で洗う。洗い終えたら水です
すぎ、直射日光の当たらない
場所で干すとよい。

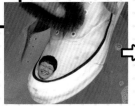
ブラシでよごれを落とす

風通しのよい日かげで干す

ソールがすりへったら補修できる

ソールがすりへったら、靴の修理工房へ。すりへったソールをやすりで平らにけず
り、新しいゴムをはって形を整えれば修理完了。

はき続けてかかとがすりへって
しまった。

新しいゴムをはって形を整える。

15分ほどで元どおりに！

ぼろぼろになるまで
はいてくれたら本望や！

すべてのスニーカーと
スニーカーにかかわる
すべての人に感謝！

絵の具の一生

木の幹や枝を描きたい！

（A）赤＋青

（B）青＋黄色＋黒

次のどの色の組み合わせで、
茶色をつくることができる？

（C）赤＋黄色＋黒

（D）赤＋青＋黄色

C 赤＋黄色＋黒

赤と黄色をまぜるとオレンジ色になる。そこに黒を少量加えると茶色に
なって、木の枝を描くことができる！

まぜ まぜ

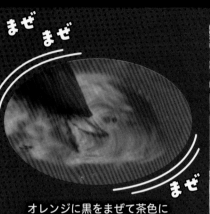

まぜ

オレンジに黒をまぜて茶色に

90ページへ

絵の具の基礎知識

色のもととなる「顔料」

絵の具の材料は「顔料」とよばれる色の
粉です。10万年ほど前から天然の石や
砂など自然のものを利用してつくられ
てきました。現在は石油や金属から人
工的につくられるようになりました。
顔料をのりのようなもので練って、紙
に定着させるようにしたものが絵の具
です。のりの種類によって、「水彩絵
の具」「アクリル絵の具」「油彩絵の
具」といった、さまざまな種類の絵の
具になります。

石

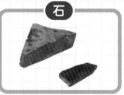

くだいて粉にしたものが顔料
となる

土

黄土色や茶色などが多くつく
られる

現在は人工的につくられたものが主流

絵の具の歴史

赤や黄色の土など、色のついたどろを使ってかべに絵を描いたのが、絵の具の始まりと考えられています。約2万年前のものといわれる「ラスコーの壁画」は、赤土や木炭などを水や獣脂とまぜ、指を使って描かれたと考えられています。昔は画家やその弟子たちが、その都度必要な絵の具をつくっていましたが、次第に絵の具の製造を専門に手がける絵の具屋さんが生まれました。

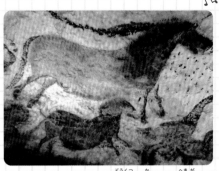

フランス南西部のラスコー洞窟に描かれた壁画

宝石としても人気の高いラピスラズリ

貴重な青色

天然の石からつくられる色の中でも有名なのが「ラピスラズリ」という鉱石からつくられる「ウルトラマリン」という青色です。ラピスラズリは非常に高価で、ウルトラマリンはめったに使うことのできない貴重な色でした。そのため、昔のヨーロッパでは、イエス・キリストや聖母マリアなどの高貴な人物や、王族や貴族などの権力者を描くときに使われることが多かったようです。現在は、人工的につくられたウルトラマリンが安く手に入るようになりました。

水彩絵の具

小学校の図工の授業でみなさんが使う絵の具は、水にといて使う「水彩絵の具」でしょう。水彩絵の具は、顔料にアラビアゴムというのりをまぜてつくられるものです。チューブタイプのほかに、水にひたした筆でときながら使う固形タイプのものもあります。

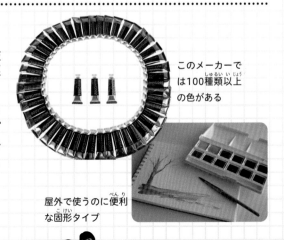

このメーカーでは100種類以上の色がある

屋外で使うのに便利な固形タイプ

絵の具の色のもと「顔料」

すべての絵の具は「顔料」という色の
ついた粉からできている。
安定した色を生み出すため、
顔料の色を検査するところから
絵の具づくりが始まる。

さまざまな色の顔料

顔料 ＋ のり ＝ 絵の具

顔料の色テスト

顔料の色が正しいかどうかを調べるために、
のりとまぜて色味のチェックをする。

青・赤・黄色の絵の具のもととなる顔料。

のりとまぜ合わせる。

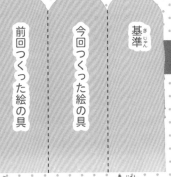

前回つくった絵の具

今回つくった絵の具

基準（きじゅん）

検査（けんさ）シートにぬる。右に基準（きじゅん）となる色、真ん中に今回つくった絵の具、左に前回つくった絵の具がぬられる。

左右の色とちがいがないか、人の目でチェックする。

ドキドキ
不合格だったら、
捨（す）てられちゃう!?

両どなりの色と差（さ）がなければ…

Q ここにある10まいの検査（けんさ）シートのうち、**不合格**はどれでしょう？

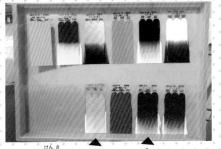

10まいの検査（けんさ）シート

不合格

どちらも、左右の色よりも真ん中の色が濃（こ）く見える

合格

NEXT ▶▶▶ 絵の具（せい）（ぞう）（こう）（じょう）
製造工場へ！

絵の具ができるまで

顔料とのりをまぜ合わせ、
すりつぶすことであざやか
な色の絵の具が生まれる。

絵の具の製造工場

検査に合格した顔料

顔料とのりをミキサーでまぜる

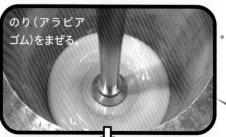

のり（アラビア
ゴム）をまぜる。

顔料を加えて、
さらにまぜ続ける。

顔料とのりが均一に
まざっているかヘラ
の上で確認する。

巨大ミキサー

ギザギザが高速回転し、のりと顔
料をまぜ合わせる。

アラビアゴム

樹木から採れる水性の樹脂で、
水によくとけて、紙にくっつき
やすいことから、水彩絵の具の
原料として使われるほか、食品
添加物としても使われている。

30分ほど
まぜ続ける。

まぜ始め **30分後**

よりなめらかで、あざやかな色に
なった！

ローラーにかけてさらに練る

3つのローラーが回転する「3本ロールミル」

ローラーが回っているところに絵の具を流す。

ローラーで絵の具をすりつぶすように練る。

チューブにつめて完成！

ロールのすき間は0.01ミリ

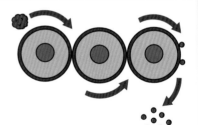

せまいすき間を通ることで、人の目にはわからないほどの大きさの顔料のかたまりがさらにバラバラになる。

ロール前	ロール後

顔料の粒子が細かくなり、よりあざやかな色になる。

人々を感動させる絵を描くぞ！

絵の具をうまく使おう

持っている絵の具の色が限られていてもちょっとした工夫で、いろいろな表現をすることができる！

水の量で濃さを調節

水にといて使う水彩絵の具は、水が多いとうすく、水が少ないと濃くぬることができる。

水が多め

水が少なめ

重ねぬり

赤くぬろうとしていたところに、黄色をぬってしまった！　そんなときでも、濃い目にといた赤い絵の具を上から重ねれば大丈夫！

少ない水でとかした絵の具は、ほかの色をぬりつぶせる。

水が多いと、ぬりつぶせずにすけてしまう。

色をつくる

赤、青、黄色の3種類しかないけど、緑でぬりたい。そんなときは、絵の具をまぜてほしい色をつくろう！

緑の絵の具がいない…

パレットの上で黄色に青を足してまぜると…

緑になった！

赤・青・黄色があればいろいろな色がつくれる！

赤・青・黄色の絵の具を割合を変えてまぜ合わせることで、いろいろな色を表現することができる。さらに白や黒をまぜると、濃さを変えることもできる。

赤＋黄色　　　　　　　　　　オレンジ　　　　　　　さらに黒を足すと、茶色に

青＋赤　　　　　　　　　　　むらさき　　　　　　　さらに白を足すと、うすむらさきに

色の三原色

シアン、マゼンタ、イエローの3つの色を「色の三原色」といい、この3色をまぜ合わせることで、ほぼすべての色を再現することができます。みなさんが今読んでいるこの本の写真やイラストも、すべてこの3色と黒の4つのインクで印刷されています。絵の具では赤・青・黄色で同じようにいろいろな色を表現することができます。

カラープリンターのインクにも3原色と黒の4種類が使われる。

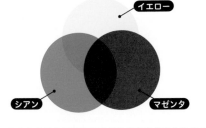
イエロー
シアン
マゼンタ

ぼくたち
最強かも!?

最後まで使い切る！

絵の具はきちんと保管すれば10年は使える。
そのためにはキャップをきちんと閉めるのが大事。

最後は半分に切って使い切る！

絵の具がチューブからしぼり出しにくくなったら、はさみで半分に切ってみよう。まだ絵の具が残っていることがある。

絵を長持ちさせるには

水彩絵の具で描いた絵は、かわいた後に防カビスプレーをかけたり、額に入れて直射日光を防いだりすると、色の変化が起こりにくい。

防カビスプレー

額に入れる

ずっと大切にしてほしいな〜

すべての絵の具と
絵の具にかかわる
すべての人たちに感謝！

ジーンズ の一生

ジーンズのポケットの中にある
小さなポケットは、もともと何を
入れるためにつくられたもの？

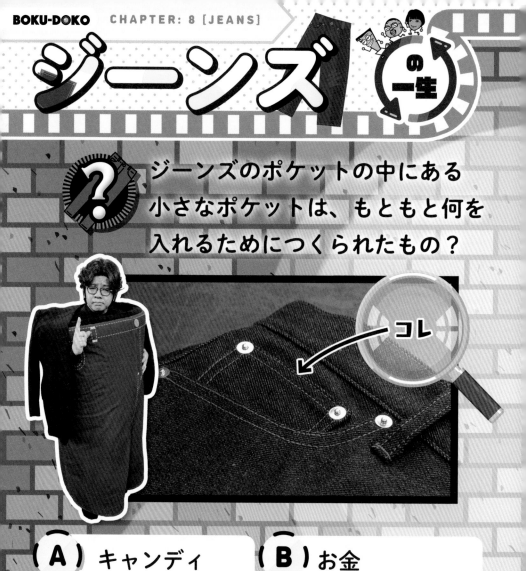

コレ

(A) キャンディ

(B) お金

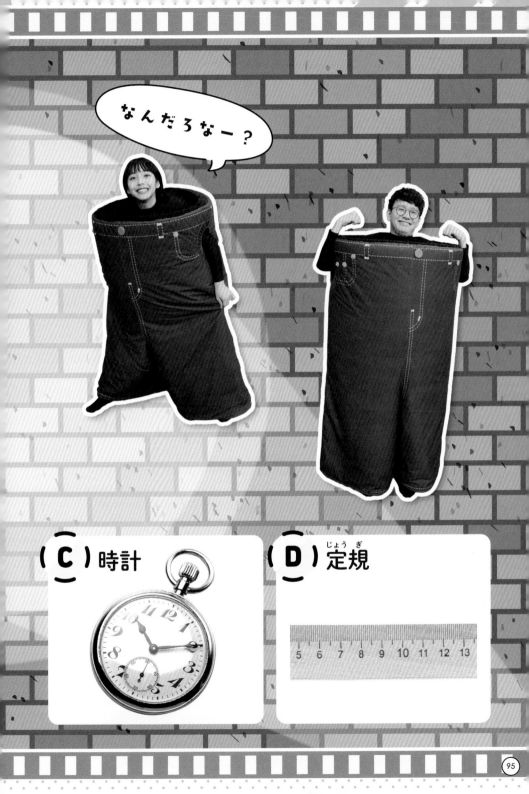

なんやて！？

C 時計

右側のポケットの内側につくられた、さらに小さいポケットは、1890年代ごろには、懐中時計（持ち歩き用の小型時計）を入れるためのポケットとして使われていた。腕時計が普及するとともに、時計の代わりに小銭を入れるようになり、「コインポケット」という名前でよばれるようになった。

懐中時計がぴったり収まる
サイズのポケット

ジーンズの基礎知識

 ### ジーンズの歴史

19世紀半ばのアメリカ西海岸はゴールドラッシュの時代。鉱山で働く人たちの作業着としてつくられたのが、ジーンズの始まりです。はげしい作業をしても、すり切れたり破れたりしにくいじょうぶな生地を使い、ポケットをリベット（102ページ）で補強したジーンズが生まれました。その後しばらくは労働者のための作業着でしたが、戦後、ハリウッドの映画スターたちがジーンズを着こなして映画に登場するようになると、おしゃれなファッションアイテムとして一般の人たちにも広がっていきました。

ジーンズはなぜ藍色？

ジーンズをなぜ藍色に染めるようになったのでしょうか？ 一説によると、鉱山には毒ヘビが出たため、ヘビよけの効果があるといわれた植物で作業着を染めるようになったのがはじまりだとか。その植物にインディゴがふくまれていたため、ジーンズをインディゴで染めるようになったといわれています。藍色の作業着はよごれも目立ちにくいと、人気が出たそうです。ちなみに、現代の多くのジーンズは、植物ではなく、石油などからつくったインディゴで染められているため、ヘビよけの効果はありません。

岡山県倉敷市

倉敷市児島地域にあるジーンズストリート

岡山県が日本一

岡山県は、学生服の生産量が日本一の県として有名ですが、じつはジーンズの生産量も日本一。なかでも倉敷市の児島地域は国産ジーンズ発祥の地として知られています。岡山県の瀬戸内海に面した地域は、かつて綿花の栽培がさかんだったこともあり、昔から繊維産業が発達していました。染め、織り、縫製、それぞれの職人さんたちが集まっているため、地区内で一貫して製造でき、安定した品質を保つことができます。

ジーンズができるまで

白い糸を藍色に染めるところからスタート！

START！

白い綿の糸

もともとは綿花というふわふわの綿。

▽

綿をひっぱりながらねじると糸になる。

糸を染める

糸を束ねて染料につけ、糸の中心は白く残るように染める。

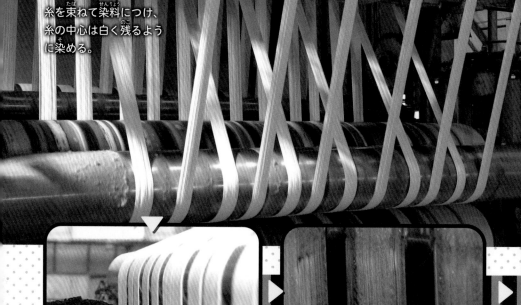

束ねた糸をインディゴをとかした液体に通す。

最初は黄色く染まる。

インディゴの不思議

白→黄色→藍色のナゾをとくための実験をしてみると…

インディゴの粉

藍色に染めるための材料であるインディゴは藍色をしている。

1 インディゴを水に入れてまぜてもとけない。

2 このままでは糸を染めることはできない。

水酸化ナトリウム＋中性洗剤、ハイドロサルファイトナトリウム（インディゴを水にとかすための薬品）を入れる。

3

4 温めると、黄色くなった！

5 糸をつけると、黄色くなる。

6 しばらくたつと、藍色になった！

インディゴは空気にふれると藍色にもどるのだ

しばらくすると藍色に変わる。

糸の中心を白く残し、表面だけを染める。

ジーンズができるまで

生地を織る

生地を織る機械がならぶ部屋。

染色した糸に白い糸を打ちこんで、布を織る。

幅90cmの生地1cmを約5秒で織る。

シャトルが縦糸の間を左右に通りぬけていく。

縦にはった藍色の糸の間に白い糸を通していくことで、生地が織られていく。

白い糸を通すシャトルは1分間に約90往復する。

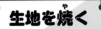

生地を焼く

炎で生地の表面にある細かい毛を焼く。

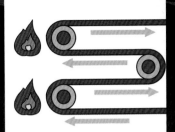

時速27㎞で進みながら、炎の中を2回くぐりぬける。

焼く前

生地の表面をよく見ると、細かい毛がたくさんある。

焼いたあと

生地の藍色がはっきりと際立って見える。

灼熱をくぐりぬけて、ジーンズの生地＝デニムが完成！

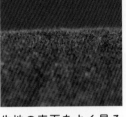

ジーンズができるまで

生地をぬい合わせる

型紙にそって、
生地を切る。

15のパーツで1本のジーンズになる。

パーツをぬい合わせる。

リベット

リベットは、はげしい動きによってポケットが破れないようにするためにつけられたのが始まり。

ボタンやリベットをつける。

ジーンズの完成！

次は
加工やで！

ジーンズの加工

新品のジーンズを、はきこまれたような味わいのジーンズに加工する。

うぉーっ!!

太ももの部分をやすりでガリガリとこする。

軽石約100キロ

巨大な洗濯機に大量の軽石をいっしょに入れる。

コロコロ

ポイント　軽石といっしょに洗うことで、石と生地がこすれて自然な色落ちになる。

さらに漂白剤で洗濯すると、色がうすくなり水色のジーンズになる。

三者三様のジーンズが完成！

GOAL!

ジーンズを大切にはこう！

ジーンズは、はきこむほどに体になじみ、味わいが出てくるもの。
大切にはいて、自分だけの特別な一着にしよう。

なぜ色落ちする？

インディゴ染料は糸の表面だけを染めているため、はいているときの摩擦や洗濯を重ねることにより、表面がけずられて中心部の白い色が現れる。そのため、次第に色落ちし、味わいが出てくるのだ。

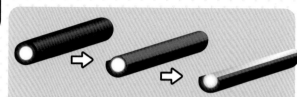

表面の青い部分がけずれて中の白い部分が見えてくるといい味わいが出てくる。

糸の真ん中は白いまま！

ジーンズの洗い方

風通しのよい日かげに干してね！

ジーンズは洗濯すると色落ちしやすいので、ほかのものといっしょに洗わないほうがよい。ジーンズをうら返し、ボタンをとめて洗濯機に入れる。漂白剤や蛍光剤が入っていると、白っぽくなってしまうので、それらが入っていない洗剤を使う。直射日光に当てず、日かげに干してかわかす。

破れてしまったら!?

曲げることの多いひざの部分やおしりの部分は、生地がすりへって、破れてしまうことがある。そんなときでも、穴をふさいで修理してくれる専門店がある。

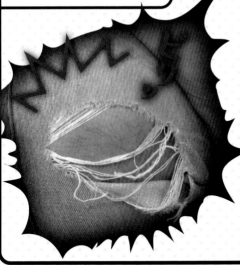

破れた部分のうら側に布をはり、穴をミシンでぬっていく。

100色以上の中から3〜4色を組み合わせて使うことで、もとの色落ちを再現できる。

小さく切ればまだまだ使える！

はき古したジーンズは最後まで使い切る！

太くじょうぶな糸で織られたデニムは、しつこいよごれを落とすのに便利。いろいろな場所をそうじして、最後まで使い切ろう！

ほこりがたまりやすい窓わくに

しつこい油よごれのコンロにも

すべてのジーンズとジーンズにかかわるすべての人に感謝！

着ぐるみコレクション②

まだまだ続く、着ぐるみコレクション。ドラマ仕立てのストーリーに合わせて、さまざまなバリエーションも生まれました。

かつお

すず＆アセコ＆コウコの3人組は、歌って泳げるアイドル「ウオドル」をめざす！

グレートだぜ！

スニーカー

某ドラマの高校教師になりきって、スニーカーのゴムの強さを力説する亜生。

SNEAKERS

絵の具

情熱の赤・昴生、元気印の黄色・すず、冷静沈着な
青・亜生の3人で、えのぐヒーロー・エノンガーA！

ジーンズ

敏腕刑事"古畑ジンズ
三郎"がジーンズのナ
ゾに挑む！

本にはのらなかったけど、
「郵便物の一生」という回も
ありました

「モノの一生」を通して持続可能な世界を考える

慶應義塾大学大学院教授　蟹江憲史

　モノがどこから来て、どこへ行くのかを考えることは、持続可能な世界を考えるうえで、基本的かつきわめて重要なことだと考えます。いわば、モノの「来し方行く末」を考えることです。

　SDGs がめざす持続可能な社会のいちばんの足かせとなっているのが、「大量生産」「大量消費」にもとづいた現在の経済のしくみです。経済活動がそのようなしくみで動いてしまっているので、これを変えていくのはなかなかむずかしいことです。しかし、これを変えないかぎり、持続可能な社会は実現しません。SDGs は「変革」の重要性をかかげていますが、その理由もここにあります。

　「大量生産」「大量消費」のしくみを変えるためには、いかにそれが非効率的であり、資源のむだづかいであるかを実感する

かにえ・のりちか

慶應義塾大学大学院政策・メディア研究科教授。SDGs関連を中心に政府委員を多数務める。著書に『SDGs入門　未来を変えるみんなのために』（岩波ジュニアスタートブックス）、『SDGs（持続可能な開発目標）』（中公新書）などがある。

ことが大切です。資源のむだづかいに思いをはせることができれば、むだをなくすために何をすべきか、どのようなものを選ぶべきかということがわかってきます。そのためには、目の前にあるモノがどこから来てどこへ行くのかを知る必要があり、「ぼくドコ」はこれを学ぶよい素材を提供してくれると思います。

　この本を読んで、モノの「来し方行く末」を自分ごととしてとらえたのち、その問題を考え、解決策を探ってみてください。みなさんの自由な目でこの問題をとらえることができれば、現状を打破する新しいアイデアがきっと生まれてくるでしょう。もしそのアイデアが非現実的だと言われたら、それが「非現実的」だと感じられる理由を考えてみてください。もしかしたら「非現実的」なのは、いまの社会のあり方そのものなのかもしれません。

タイヤの一生

横浜ゴム株式会社
NKリサイクル株式会社
スーパータイヤセンター

大豆の一生

みふね農園
花輪食品

牛革の一生
ぎゅう がわ

吉比産業株式会社
株式会社山陽
アナロジコ
有限会社ワタナベ皮革工芸
株式会社フィールドフォース

・写真提供
株式会社山陽(p.46、48、49)

えんぴつの一生

オリエンタル産業株式会社
柴田鉛筆株式会社
北星鉛筆株式会社
株式会社ナナ文具

かつおの一生

伊良部島漁業協同組合（喜翁丸）
隆一かつお節工場
株式会社道場六三郎事務所

スニーカーの一生

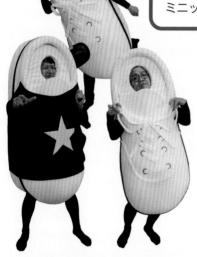

アサヒシューズ株式会社
ミニット・アジア・パシフィック株式会社

ジーンズの一生

株式会社モンブラン
クロキ株式会社
株式会社サーブ
HUNGER
ジーンズリペアハンゾー

絵の具の一生

ホルベイン工業株式会社

BOKU-DOKO

すべての「ぼくドコ」に
かかわってくれた人たちに
感謝！

NHK「ぼくドコ」制作班

ディレクター ／ 橋口恵理加　福田元輝　堀いつか
安元卓　名取克昌　錦望　佐々木文恵
伊部玲王奈　東海林明　兒井未祐　市島拓海
リサーチャー ／ 髙際礼子
プロデューサー ／ 髙橋謙　田辺圭子
制作統括 ／ 大古滋久　漆山真生　三好健太郎
構成・台本 ／ 桝野幸宏
着ぐるみ制作 ／ 伊藤修子
タイトル映像 ／ 平池優太　宮島洋介
出演 ／ ミキ（昴生・亜生）　山之内すず
ナレーション ／ 大塚芳忠

協力	NHK エデュケーショナル
写真	PIXTA　Shutterstock
カバー・ 本文デザイン	天野広和　松林環美　村山由紀 石野春加　石坂光里　森井由里子 （ダイアートプランニング）
本文イラスト	しゅんぶん 株式会社グレートインターナショナル 中田有見子
校正	LIBERO

【おもな参考 Web サイト】
「タイヤの基礎知識」（横浜ゴム株式会社ホームページ）https://www.y-yokohama.com/product/tire/
公益財団法人日本豆類協会ホームページ https://www.mame.or.jp/
株式会社山陽ホームページ https://sanyotan.co.jp/
Kids' Leather Programs （一般社団法人日本皮革産業連合会ホームページ）　https://leatherkids.jlia.or.jp/
「東京ペンシルラボ」（北星鉛筆株式会社ホームページ）http://www.kitaboshi.co.jp/pencil-lab/
トンボ KIDS　https://www.tombow.com/sp/kids/
「まぐろに関する情報」（水産庁ホームページ）　https://www.jfa.maff.go.jp/j/tuna/
「足や靴のサポート」（アサヒシューズ株式会社ホームページ）
https://www.asahi-shoes.co.jp/support/
クロキ株式会社ホームページ　www.denim-kuroki.co.jp/
児島ジーンズストリートホームページ　www.jeans-street.com/
SAKURA PRESS （株式会社サクラクレパスホームページ）　https://www.craypas.co.jp/press/
ホルベイン株式会社ホームページ　https://www.holbein.co.jp/

NHK for School ぼくドコ
モノの一生はドラマチック！
天寿まっとう編

2024 年 6 月 25 日　第 1 刷発行

編者	NHK「ぼくドコ」制作班 ©2024 NHK
発行者	江口貴之
発行所	NHK 出版 〒 150-0042　東京都渋谷区宇田川町 10-3 TEL 0570-009-321 （問い合わせ）　0570-000-321 （注文） ホームページ　https://www.nhk-book.co.jp
印刷・製本	図書印刷